小學生的煩惱❸

面對壓力該如何調適？

壓力管理

監修／**大野 裕** 壓力管理網絡有限公司負責人

漫畫／**市川美月**　翻譯／**吳嘉芳**

前言

大家好，我是一隻獅子，英文名字叫做「Heart」，也就是「心」的意思，負責引領你閱讀這本書，以及統整每個單元的學習重點。

當我們對橡膠球施力，球就會被壓扁，人的身體與心理也一樣，如果承受了來自周遭的強大刺激，也就是「壓力」，就會產生焦慮或生病。你是否有過在考試前緊張到肚子痛的經驗？這就是考試的壓力造成身體不適。

什麼事會讓人感到有壓力？壓力對身心會造成何種影響？這些問題因人而異，生活上發生的任何事情都可能是造成壓力的原因，而壓力所引發的反應也不盡相同。不過，你不需要過度害怕壓力。當你感受到壓力時，身體和心理所產生的變化都是為了保護你免於危險的防

禦機制，而且適當的壓力可以使人成長，往下一個里程碑邁進。

本書透過「什麼是壓力？」、「認知力（靈活思考）」、「控制力（分段達成目標）」、「溝通力（尋求他人幫助）」和「壓力管理的方法」五個章節，以及漫畫和文字說明，詳細介紹如何妥善面對壓力。請容易感到壓力的你，務必仔細閱讀。

一個人壓力過大時，可能產生「我怎麼這麼沒用」、「不管我怎麼做一定做不好」等負面想法。期盼讀完這本書的你能夠擺脫這種思緒，並了解如何把壓力化為助力，盡情發揮自身的潛能。

目錄

優奈

大家好，我的個性害羞，興趣是彈鋼琴。雖然和朋友聊天很有趣，但是我更喜歡畫畫和做白日夢，所以十分需要獨處的時間。

龍

嗨！我是學校足球社的社員，追著球奔跑可以讓我忘卻所有煩惱。只要是有關運動的事情，問我就對了！

登場人物

我們請出現在書中的七位人物自我介紹吧！

佑樹

大家好，我是大樹的弟弟，非常喜歡打棒球。別人常說我們兄弟倆的個性完全相反呢！

大樹

大家好，我不擅長聊天，可是懂得傾聽別人的煩惱。我在新學期加入了科學社，希望將來可以成為對社會有貢獻的人。

龍的足球社學長

嗨！我和龍在同一個社團踢足球喔！

芽衣

嗨！我非常喜歡跳舞，所以加入了舞蹈社。上學最開心的事當然是和朋友聊天嘍！我的個性應該是有點愛管閒事吧！

班導師

大家好，我是優奈、龍、大樹和芽衣的班導師岡田。

本書使用方法

這本書利用漫畫和文字說明，介紹日常生活和學校生活中常遇到的情境與解決方法。你可以按照章節順序閱讀，也可以從感興趣的部分開始讀起！

●方法說明

詳細解說如何運用合適的方法面對壓力。

●情境舉例

以學校常發生的各種場景為例，並提供克服壓力的方法。

●重點整理

獅子Heart替大家複習漫畫中發生的情況，並歸納出重點。

●漫畫呈現

藉由漫畫演繹書中主角處理問題的過程，了解採用壓力管理方法的結果。

讓我們一起澈底了解「壓力」，並好好面對它！

第 1 章

什麼是壓力？

只要是會對身心造成影響的痛苦經歷，都可以視為「壓力」。

壓力會讓人感到不舒服

日常生活中，身體所承受的任何負擔皆可視為壓力。人一旦感受到壓力，就容易產生焦慮或失眠的情況。

優奈因為在意班上同學對她態度惡劣而提不起勁畫畫，晚上也徹夜輾轉難眠，像這樣影響身心的事情就稱作「壓力」。

壓力的兩大元素

人的身體與心理隨時都在承受外界的刺激，讓我們感到不適的事情稱作「壓力源」（請參考第16頁），身心因刺激所產生的變化稱作「壓力反應」（請參考第18頁）。舉例來說，天氣熱會覺得不舒服、與朋友吵架會深感煩躁，因此「天氣熱」和「與朋友吵架」是壓力源，「不舒服」和「煩躁」則是壓力反應。

呼
！

壓

壓力源 ——

壓力反應 ——

就上圖來說，球因為受到雙手用力按壓而變形。此時，「手」是壓力源，「變形的球」則是壓力反應。

壓力源與壓力反應

生活周遭發生的各種事情都可能是你的壓力源,讓你產生壓力反應。

龍因為遭遇許多不順心的事，使得身心都受到了影響。

任何事情都可能成為壓力源

只要是會引起壓力反應的人、事、物或環境，
都可以視為「壓力源」。

　　考試、人際關係等「負面刺激」是典型的壓力源。不過，有時「好事」也會在無形中帶給人壓力，例如「升上資優班」是一件值得開心的事，但是一想到未來得更努力學習才能在同學之中脫穎而出，就可能讓人緊張得難以入睡。

各式各樣的壓力源

學校生活

對學生而言，充滿各式挑戰的學校生活是最常見的壓力源，例如堆積如山的作業、打擊信心的試卷、最要好的朋友轉學、在課堂上被老師點名回答問題等。

然而，好的經驗也可能是使人產生壓力的因素，比方說這次考試拿到了好成績，卻可能因為擔心下次考不好而感到壓力，或是在獲選為代表班級出賽的選手之後，內心升起一股非贏不可的使命感而給自己帶來壓力。

人際關係

與親友吵架、被欺騙、被放鴿子、被瞧不起等都是常見的人際問題，經常衍生出憤怒與焦慮的情緒。此外，家庭暴力、同儕霸凌等困境也是重要的壓力源。

周遭環境

氣候變遷、噪音汙染、空氣品質等環境因素也是一種壓力源。每個人對於環境的容忍度不同，有人聽到喧嘩聲就感到煩躁，也有人能夠對震耳欲聾的施工聲平靜以待。

身體狀況

身體狀況不佳時，容易因為一點小事就感到壓力，因此舉凡生病、痠痛、受傷等不適症狀，都可以視作壓力源。

平常遇到的各種事情之中，生病、與朋友發生爭執等負面刺激最容易成為壓力源。不過，有時乍看之下值得高興的事情，也可能造成壓力，千萬不可掉以輕心！

各種層面的壓力反應

人遭受壓力源帶來的刺激後，
心理、身體和行為會出現各種壓力反應。

心理層面的壓力反應

一個人若受到外在因素影響，心情會跟著產生變化，而因壓力所引起的反應通常為負面情緒，包括焦慮、憂鬱、沮喪、憤怒、煩躁、提不起勁等。

寂寞

煩躁

沮喪

焦慮

憤怒

憂鬱

提不起勁

壓力源

身體層面的壓力反應

承受強大壓力的人，身體會出現警訊。除了頭痛、肚子痛之外，還有流汗、呼吸急促、無法入眠、沒有食慾等各種反應。

頭痛
肚子痛
肩頸僵硬

尿床
賴床
睡不著

口乾舌燥
心跳加速

體重驟降
體重暴增
沒有食慾
食不知味

疲倦
發燒
拉肚子
蕁麻疹發作

行為層面的壓力反應

壓力造成的影響不只會反映在心理與身體上，也會使人的行為發生改變，例如頻尿、咬指甲、摔東西、沉默寡言、不想上學等。

亂發脾氣

舉止粗暴

自閉
沉默寡言
不想上學

頻尿
咬指甲
蜷縮在角落

想一想，你有什麼壓力？

解決壓力的首要步驟就是找出壓力源，請試著寫下讓你感到困擾、焦慮、不愉快的各種因素。

> ## 讓你感到沮喪、焦慮的原因是什麼？
> （壓力源）
>
> （例）被老師責罵、作業寫不完。

> ## 你對此產生什麼反應？
> （表現在心理、身體和行為上的壓力反應）
>
> （例）鬱鬱寡歡、沒有食慾、摔東西。

請經過仔細思考後再動筆喔！

身邊的任何事情都可能是壓力源，造成身心產生各式各樣的壓力反應。了解自身的壓力源為何，是好好面對壓力的重要關鍵。

壓力的好與壞

承受壓力雖然很辛苦，可是若換個角度思考，就能把它當作提升幹勁與專注力的墊腳石。

不行！我不可以洩氣，要努力練習才行。

我一定要在比賽時展現最完美的旋轉動作！

持續練習到不會焦慮為止吧！

砰

1·2·3

1·2·3

感覺更有幹勁了呢！

舞蹈比賽近在眼前，使得仍舊無法展現最佳水準的芽衣感到非常不安。不過，她沒有被壓力擊敗，反而透過努力練習克服焦慮，如此不屈不撓的精神，值得我們學習。

壓力並非全都是壞事

　　只要站在另一種角度看待同一件事，就可以發現壓力也可能為事情帶來不錯的結果。

壓力反應是防禦機制

壓力反應其實是身體為了保護自己免於受到傷害的防禦機制，例如舞蹈比賽所帶來的壓力，促使芽衣勤奮練習，避免在比賽中出糗而遭人嘲笑。

壓力也可以是助力

只要在面對壓力時專注解決問題，而非放大負面情緒，就可以把這股能量轉換為前進的動力，讓事情走向正軌。

　　壓力可以帶來正面效果　　

你是否有過承受考試壓力時，學習成效反而更出色的經驗？其實，適當的壓力能夠在無形中激發自身的潛能。可是，若壓力大得令人喘不過氣，反而會讓你無法充分發揮實力喔！

把壓力變成助力的三種能力

想妥善管理壓力，就必須擁有良好的「認知力」、「控制力」和「溝通力」。

避免被壓力擊垮的三個祕訣是：一、認知力：靈活思考。二、控制力：分段達成目標。三、溝通力：尋求他人幫助。一旦擁有這些能力，就可以妥善管理壓力。

妥善管理壓力的三大要素

利用「認知力」、「控制力」和「溝通力」，
將壓力化為助力，激發自身的潛能。

認知力：靈活思考

「認知（Cognition）」的廣泛定義為個人經由意識活動，認識外在刺激的心理歷程。當一個人養成面對難題總往壞處想的習慣，日後一旦遭遇困境，就會馬上放大內心的焦慮。只要試著用另一種角度思考，就能冷靜的找到解決問題的方法。

遇到問題不要驚慌，先思考各種可行的解決方案。

控制力：分段達成目標

「控制（Control）」是指有計畫的掌控人、事、物，使其按照自己的心意進行活動。一個人只要對事情「有控制感」，就能夠預測未來的發展，因此比較不會在過程中輕易投降。想在面對難題時維持控制感，可以試著把大目標分成幾個階段來達成，透過一次次成功的經驗，累積前進的動力與自信。

首先，確認起跳位置是否正確。

接著，留意手部支撐的位置。

成功跳過四層跳箱後，要繼續挑戰五層！

只要照著自己的步調努力，總有一天一定可以達成目標。

溝通力：尋求他人幫助

「溝通（Communication）」的廣泛定義為透過文字、圖像、口述、肢體動作等方式傳遞訊息，與他人分享並建立關係。遇到重大難題時，「與他人商量」除了比「獨自解決」更有效率之外，也能迅速減輕心理負擔。下次發生棘手的事情時，不妨試試尋求身邊值得信任之人的建議吧！

清楚的把想法與心情告訴對方，或許能夠得到寶貴的意見。

専欄

認知扭曲

「認知扭曲（Cognitive Distortion）」由知名心理學家亞倫・貝克（Aaron Temkin Beck）提出，是一種危害情緒健康和人際關係的思考習慣。

六種常見的認知扭曲

1 極端化思考

認為所有事情非黑即白、非對即錯，絕不容許一點灰色地帶。

例如：這次考試只得到99分，我的努力全都白費了。

2 過度類化

把一個獨立事件的結果變成一種分類並套用在各種相似的情境。

例如：我和天蠍座同學A處得不好，所以天蠍座同學B一定也很難相處。

3 武斷推論

在沒有充分且合理的證據下，就妄自做出結論。

例如：老師經過我身邊的時候沒有和我打招呼，所以他一定不喜歡我。

4 個人化

將所有的責任都歸咎到自己身上，因而感到自責。

例如：班際籃球賽輸了，是因為我沒有投進三分球的關係。

5 應該與必須

對於任何事情都有著「應該……」或「必須……」的想法，無法容忍打破原則。

例如：他丟球砸中了我，應該誠心誠意的向我道歉。

6 貼標籤

用少數的失敗案例定義自己，無法看見其他優點。

例如：這次的考試搞砸了，所以我是一個沒用的人。

當你感到壓力時，請試著寫下內心的想法，審視自己是否有認知扭曲的情況。

第 2 章

認知力
（靈活思考）

心理狀態會隨著對事情的「認知」而發生改變，因此學會靈活思考，就能降低被壓力擊垮的機會。

「靈活思考」是壓力管理的基本原則喔！

向別人打招呼被忽視時

和朋友打招呼，對方沒有給予回應時，不一定代表他不想理你，請試著思考各種可能性。

她為什麼自顧自的走了？

難道我做了什麼讓她不開心的事情嗎？

星期六要不要一起出去玩？

我那天有約了，抱歉……

該不會是因為那件事惹她生氣了吧？

還是說……

啊！

雖然她那時說沒關係，下次再約……

但是會不會已經懷恨在心，要和我絕交了？

打招呼被忽視的優奈應該怎麼做呢？

思考各種可能性的方法

別總往壞處想

朋友可能因為各種原因忽略你的問候，若你很在意，應該試著釐清原因，而不是胡思亂想。

她是不是在生我的氣呢？

別鑽牛角尖

過度執著於一件事會讓人忽略其他美好的事物，因此面對束手無策的困境時，請勇敢放下它。

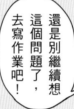

還是別繼續想這個問題了，去寫作業吧！

啊！

別武斷推論

確實了解事件發生的原因之前，千萬不要直接下定論，以免帶來不必要的煩惱與壓力。

她有急事。

她在想事情。

可能性

她沒聽見我說話。

  兼顧正、負面情緒

一個人用樂觀積極的態度面對挑戰固然很好，但是過度正面思考可能會使人不自覺壓抑情緒，進而迷失自我，因此必須學習坦然接受負面心情，兼顧正、負面信念，才不會造成心理失衡。

若面對問題時總往壞處想，很容易給自己帶來壓力。只要仔細思考事件背後隱藏的各種可能性，或許就能對症下藥，解決難題。

努力沒有獲得回報時

努力過後卻沒有得到相對應的回報，會覺得不甘心吧？
請重視這份心情，並將它化為進步的力量。

雖然入選Ａ組值得高興……

但沒選上領舞還是很不甘心。我也拚命練習了啊！光真幸運……

芽衣，Ａ組要在那裡集合喔！我們快點過去吧！

啊！

好。

芽衣，你怎麼了？看起來心情不太好吔！

咦？沒有啦！我們快點過去練習吧！

就算我說很羨慕光，她應該也無法理解吧……

努力練習卻沒有爭取到領舞的芽衣應該怎麼做呢？

將不甘心化為力量的方法

重視這份心情

對一件事產生情緒，代表你非常重視它，請正視這份心情，讓它成為你進步的動力。

我也想站在隊伍中央跳舞。

別過度羨慕他人

看見別人的成功，自然會感到羨慕，也會產生「想變得和他一樣好」的想法。但是持續陷在這種情緒裡，反而會阻礙你進步喔！

好羨慕喔！

和別人聊一聊

難過時，可以試著把情緒告訴值得信任的人。通常說出來後心情會輕鬆許多，而且若對方也有類似的煩惱，也能相互勉勵。

別難過，我也沒被選上啊！

 重視自己的心情

每個人都必須重視自己的心情，尤其身陷負面情緒的時候，更應該正視這些感受，並試著和身邊的人聊一聊，減輕內心的壓力。

小櫻，你有空嗎？

有啊！怎麼了？

其實我現在覺得很沮喪，我為了當上領舞拚了命的練習，可是最後被選上的卻是光……

這樣啊……

我很羨慕光，也因為覺得自己不夠好而感到壓力……

你那麼努力，真是太可惜了，下次一定會成功。

嗯！

謝謝你聽我訴苦，我的壓力好像減輕一點了。

因為壓力而感到痛苦的時候，與其獨自煩惱，不如找一位值得信任的人一起商量，這麼做不僅可以減輕負擔，還可以從他人身上得到寶貴的建議喔！

重點整理

和家人說話被忽視時

和家人說話被忽視，會覺得不舒服吧？請坦率向對方表達情緒，以減輕內心的壓力。

 被爸爸忽視的大樹應該怎麼做呢？

坦率表達情緒的方法

明白抒發心情的重要性

長期壓抑負面情緒，不僅會累積壓力，還會在怒氣爆發時造成更大的殺傷力。

別獨自鑽牛角尖

獨自思考時容易把事情往壞處想，讓你在不知不覺中越想越生氣。

勇於和他人分享心情

覺得情緒低落時，可以試著主動和周遭的親友分享自己的心情，藉此排解心中的壓力。

當你以為被家人忽視時，內心出現任何負面情緒都是很自然的事情。不過，這種時候千萬不要一個人鑽牛角尖，坦率的和對方聊一聊，才是解開誤會最快的方式。

重點整理

無法適應新學校時

轉學後，可能因為無法適應新環境而感到壓力。請試著敞開心胸接納新事物，勇敢迎接嶄新的生活。

轉學後無法適應新環境的綾乃應該怎麼做呢？

適應新環境的方法

別沉浸在過去的回憶

雖然回憶美好的過往可以帶來安慰，但如果次數太頻繁，反而會影響你前進喔！

以前的學校比較好……

打開心房

假如一直冷淡回應別人釋出的善意，對方也會漸漸打退堂鼓。為了避免給人留下難相處的印象，請試著敞開心房接納新事物。

好啊！看起來很有趣。

你要不要看看這本書？

積極主動

主動與別人攀談是快速融入新環境的好方法，例如主動向別人介紹自己，或者在他人需要幫忙時積極伸出援手等。

我來幫你吧！

 活在當下

人在回憶過往時，往往會美化當時的記憶，而對現狀感到不滿。可是，時間無法倒退，只會在你怨天尤人的時候快速流逝，因此我們必須專注於眼前的生活，以免在不知不覺中錯失許多體驗新事物的機會。

她也是出自好意才會推薦我這本書吧……
還是來讀讀看吧！
幾天後
這些全都是你做的嗎？
好厲害！
對啊！我發現用矽膠繩編織也很有趣吔！
這個應該可以裝飾在《可愛女孩》的封面！
上面有愛心的形狀！
太好了，我也是這麼想的。
原來你已經看過那本書了啊！
我明天再把續集借給你。
對啊！內容真的很讓人心動呢！
謝謝！
感覺可以和新朋友好好相處了。
嘻嘻

一直留戀過去會阻礙人繼續前進，唯有拋開過往，勇敢踏出舒適圈，才能迎接未來，展開全新的生活。

重點整理

努力許久卻失敗時

經過一番努力卻失敗時，會因為挫折而感到壓力吧？這時，請試著重新振作，別讓你的辛苦付之一炬。

被告知可能無法出賽的芽衣應該怎麼做呢？

重新振作的方法

坦然面對

人都是在失敗中成長，尤其年紀小的人因為經驗不足更容易遇到挫折，因此請試著用平常心看待失敗，並鼓起勇氣繼續挑戰。

失敗是很正常的事情。

永不放棄

挑戰失敗不代表人生就此結束。只要持續嘗試突破自我，總有一天一定會成功。

即使失敗，我也絕不會放棄！

尋求協助

假如遇到無法靠自己的力量重新站起來的事情，可以試著與身邊的人溝通並尋求建議。若獨自逞強，可能會讓情況變得更糟。

嗯嗯

你願意聽我說嗎？其實……

🐾 相信自己，也相信別人 🐾

無論碰到何種困境，只要相信自己，就能夠產生克服阻礙的勇氣。除此之外，也必須相信周遭的親友能夠在你無助時給予支援，如此才能毫無保留的向他們傾訴煩惱，減輕心中的壓力。

「挫敗」會讓人感到壓力或失去自信，可是它會反映出你不足的地方，促使你加以改進並突破自我。因此，我們必須學習與之共存，才能成為自己理想中的樣子。

重點整理

身邊有你討厭的人時

日常生活中難免會碰到與自己合不來的人，這種時候，只要掌握好與對方相處的訣竅，就能減輕內心的負擔。

和同學合不來的優奈應該怎麼做呢？

如何與合不來的人相處

不交惡

雖然沒辦法和對方愉快的相處，但是也不必與他交惡，讓自己多一個敵人，所以遇見彼此還是要打招呼，以免讓關係惡化。

再見。

再見。

態度大方

通常在面對合不來的人時，容易感到彆扭或不自在。不過，只要試著用大方的態度回應對方，就不會使氣氛變得緊張或尷尬。

什麼？

不勉強做朋友

你不必和所有人成為朋友，遇到個性不合的人，只要把他當作一般同學來相處，就不會為了迎合對方而感到壓力。

你真掃興！

保持適當距離

經營任何關係都必須保持適當的距離，過度依賴他人或勉強彼此一起行動，會在無形中為雙方帶來壓力喔！

下次再一起去吧！

勉強自己容易造成壓力，因此不需要為了迎合別人而改變自我。面對處不來的同學，可以試著放下「一定要與他成為朋友」的執著，以平常心對待並保持適當的距離。如此一來，就能和對方和平共處。

重點整理

小組活動遇到困難時

假如無法在小組活動中做好分內的工作，會覺得拖累組員而產生壓力。此時，請試著向別人求救吧！

無法獨自完成分內工作的龍應該怎麼做呢？

尋求協助的方法

接受自己辦不到的事實

人並非萬能的，遇到問題時，請接受自己辦不到的事實，並尋求專業人士的協助，例如找電器行維修家電產品。

不要覺得丟臉

接受他人的幫助並不是一件丟臉的事，因此若實在無法獨自解決問題，就放下自尊，勇敢尋求其他人的意見吧！

找別人幫忙好丟臉喔！

坦白說出煩惱

請別人協助時，必須坦白說出煩惱。要是因有所顧忌而沒有全盤托出，可能會害對方幫倒忙喔！

拜託了！

請提供我排版的意見！

用自身長處回報對方

從他人身上獲得幫助後，可以藉由發揮自己的專長來回報對方，讓他感受到你的真誠與謝意。

太好了！

商店街的採訪工作包在我身上！

好，請她幫忙吧！

獨自煩惱也沒用！

優奈！可以請你幫我調整版面嗎？

嘿嘿

太好了，謝謝你！

好啊！我很喜歡排版的工作。

那可以請你負責去商店街採訪嗎？我實在不擅長和陌生人搭話。

沒問題！我很擅長這種工作。

包在我身上！

○×商店街

意思

呼

啊！不好

嗯？

蔬果店

富士

有些人礙於自尊心，無法輕易拉下臉請求協助。可是，獨自煩惱不僅沒辦法解決問題，還會造成壓力。因此，請一定要學會拜託別人幫忙，並利用自身長處回報對方。

重點整理

壓力與疾病的關係

壓力無所不在，通常每個人對於壓力都有自己的一套調適方法。不過，當壓力超出負荷時，人的身體和心理會發出各種警訊，提醒我們停下腳步，審視生活上的每個環節。

與壓力有關的疾病

憂鬱症

「憂鬱」是大多數人都曾經歷過的短暫情緒，「憂鬱症」則是一種精神疾病，造成患者長期情緒低落、喪失食慾、對任何事都提不起勁等，嚴重影響日常生活。

厭食症、暴食症

這兩種疾病的共同特徵是「對身體形象和體重過度關切」，前者是過度控制飲食，導致身形消瘦、營養不良等；後者是過度進食，利用食物作為宣洩壓力的出口。

創傷後壓力症候群（PTSD）

通常罹患此種精神疾病的病人都曾經歷過嚴重的創傷，例如車禍、暴力、天災等，因強烈的恐懼使人反覆想起當時的情景而陷入痛苦。

睡眠障礙

常見的「睡眠障礙」有失眠、淺眠、嗜睡、夢遊等，患者長時間深受睡眠問題所苦，導致出現精神不濟、情緒暴躁、認知功能變差等狀況，進而影響生活品質。

除了以上之外，還有各式各樣由壓力引起的疾病，可見「壓力」確實不能夠輕忽。請務必學會壓力管理，並隨時留意自己的身心狀況。

別因為不會就放棄，請試著從可以做到的事情開始著手，一步一步努力達成目標。

第 **3** 章

控制力
（分段達成目標）

解決問題最重要的步驟就是把它拆分為幾個階段，讓你在處理時可以感受到一切都在掌控之中。

舞蹈練習不順利時

當你無論練習幾次都無法成功時，會覺得自己一無是處而產生壓力。請試著透過寫日記，鼓勵自己撐下去。

想放棄練習跳舞的芽衣應該怎麼做呢？

堅持下去的方法

設立階段性目標

如果你無法一次解決問題或完成理想，可以試著設立階段性目標，藉由累積一次次成功的經驗，鼓勵自己繼續前進。

成功做出旋轉動作了！

寫日記

把為了達成目標所做的努力與成果記錄下來，就能感受到成長的喜悅，藉此提升幹勁。

記錄每日練習的成果。

下定決心

若一直在「堅持」與「放棄」之間搖擺不定，就什麼事也做不成。因此，面對挑戰時，請務必秉持永不放棄的決心。

一直跳不好真討厭！要不要乾脆放棄呢？

可是直接放棄又覺得很可惜……

面對困境時，若沒有感受到一切都在掌控之中，內心會忍不住產生無力感。為了避免發生這種情況，請先設立階段性目標，透過循序漸進解決問題，確保努力的方向沒有偏離正軌。

在意別人對你的看法時

你是否曾經因為太過在意別人的眼光而感到壓力？遇到這種情況時，請試著專注在自己想做的事情上。

因為在意別人的眼光而不敢參賽的優奈應該怎麼做呢？

不過度在意別人眼光的方法

把注意力放在想做的事情上

只要讓自己全心投入在喜歡的事情上，就可以在不知不覺中忽略旁人的眼光，繼續朝目標前進。

畫畫是我覺得最幸福的時光。

把旁人的看法作為參考

你會在意別人的眼光，代表你對大家的想法有一定程度的了解。假如把旁人的看法作為參考，就可以知道進步的方向。

大家應該會想看到這樣的海報。

別執著於自己的缺點

一旦過度在意自己的缺點，就會覺得別人也都在放大檢視它們，造成內心充滿壓力。請試著找出自身的優點來提升信心。

我的優點是會為對方著想，還有……

 聽從內心的聲音

人是群體動物，大家生活在一起自然會在意別人的看法和期許。可是，太過在意他人眼光容易迷失自己，因此做任何事情都應該以順從自己的心意為主，才能夠活成理想中的樣子。

70

在意別人的眼光是一件好事，可以藉此約束自身的行為。可是，過度在乎他人的評價，反而會使自己活成別人期待的樣子。因此，做任何決定前，都應該先以自己的想法為主，再斟酌參考其他人的意見。

重點整理

讀書遇到挫折時

讀書頻頻遇到挫折，容易讓人因為壓力而想放棄。只要在這種時候找出問題並設立目標，就可以重拾自信。

克服挫折的方法

找出問題

克服挫折的首要步驟就是找出困擾你的問題，例如數學成績不理想，原因是看不懂題目，或是不理解答題步驟的邏輯。

原來是因為看不懂題目才考不好。

從小目標開始挑戰

人不可能一步登天，必須透過一次次的成功才能累積實力，因此請先從小目標開始挑戰，從中建立自信。

列出達成目標該做的事

只要把為了達到理想而必須做的所有努力寫下來，並按照輕重緩急排列優先順序，就不會在執行計畫的過程中手忙腳亂。

下次想考到七十分，就必須把這些問題都弄懂。

設立最終目標

若眼前的小目標都已經達成，可以試著挑戰更遠大的理想。只要對未來抱持著積極的態度，就能夠擁有無限的可能性。

我要在下次期末考拿滿分！

當你養成遇到問題就逃避的習慣，抗壓性會變得越來越差，最終淪為大家口中的「草莓族」。因此，面臨挫折必須先冷靜找出問題的癥結點，再透過訂定計畫，一步一步解決難題。

重點整理

賽前練習不斷失誤時

比賽前頻頻失誤時，會覺得壓力大到喘不過氣吧？只要從錯誤中汲取經驗，就能把失敗化為成功的養分。

賽前練習不斷失誤的龍應該怎麼做呢？

克服比賽壓力的方法

把壓力變成動力

你會對比賽感到壓力，代表你很重視它。只要把這份心情化為練習的動力，就能激發自身的潛能。

我要更認真練習！

正面看待失敗

俗話說「失敗為成功之母」，當你用正向的態度面對失敗，並仔細審視每一次錯誤，就能從中汲取經驗，為日後的成功打下基礎。

改善踢球的角度，應該就能成功進球！

回想過去成功的經驗

回想不好的事情容易讓人感到煩躁，相反的，想起過去成功時的那瞬間，會使人變得有自信，並且有勇氣面對接下來的挑戰。

越接近重要場合，就越容易失常，這是因為壓力在不知不覺中逼得我們喘不過氣。只要在這種時候努力平復心情，並回想過去為了這一刻所做的準備，就可以戰勝內心的恐懼，充分發揮自己的實力。

重點整理

擔心又在運動會出糗時

當你面臨同一個難題時，會因為之前失敗的經驗而倍感壓力吧？其實，只要做足準備，或許就能戰勝恐懼。

害怕又在運動會出糗的大樹應該怎麼做呢？

戰勝「恐懼失敗」的方法

不要還沒嘗試就放棄

因為過去失敗的經驗而放棄嘗試，就永遠無法突破自我。因此，面臨同一個挑戰時，必須勇敢迎戰，才有機會用新紀錄覆蓋舊回憶。

別認定自己又會失敗

今年的你相比去年的你，應該在各方面都成長了許多，所以不要用過往的能力來評斷現在的自己。

下次我一定會成功！

竭盡全力做好準備

戰勝「恐懼失敗」最好的辦法就是做好萬全的準備。透過大量練習，找出不足的部分並加以改進，減少正式上場時出錯的可能性。

加油！

呼！

 避免過度樂觀

面對難題不應該過度害怕失敗，但是也不能太過有自信，因為自負的人容易掉以輕心，反而會在沒有做足準備的情況下慘遭滑鐵盧。換句話說，思考的時候必須平衡正、負面的情緒，避免做出過於極端的反應。

失敗的恐懼會深植人心，所以因過去的失敗而害怕重新挑戰是非常正常的事情，也是身體自動做出的防禦機制，避免你再次陷入危機。可是，假如做足準備正面迎戰，說不定就能順利克服恐懼，並激發自我潛能喔！

青春期與壓力

青春期是兒童轉為成人的階段,無論是身體還是心理,都會產生劇烈的變化,因而產生壓力。你在成長的過程中,除了必須適應自身的轉變,還得面臨複雜的人際關係,造成壓力過大而變得情緒不穩。因此,在這個階段學會正確管理壓力是非常重要的事情。

青春期的壓力

身體成長

進入青春期後,外表會有明顯的改變,例如女生月經來潮和胸部發育、男生長出喉結與鬍子等。由於每個人發育的速度不同,有時你會因身體發展落後他人而感到壓力。

心理變化

青春期的你會時常在「現實自我」與「理想自我」間游移,也就是你自認有能力判斷是非對錯,但遇到困難時,又想依賴他人與獲得保護,因此對自己感到不滿而產生壓力。

親子關係

父母常因擔心孩子安危而忍不住反覆提醒或強迫順從,但這對青春期的你來說並非關心,而是讓人感到壓力的嘮叨或控制,造成你有時會故意做出脫序的行為來表示抗議。

同儕關係

「朋友」對青春期的你來說非常重要,不僅在意他們對自己的看法,也擔心不合群的話會遭到排擠,因此造成為了得到朋友的認可而做出違背心意的事情,使得內心充滿壓力。

青春期是非常重要的一個階段,只要妥善處理因劇烈改變而產生的各種壓力,就能夠順利邁向人生的下一段旅程。

請練習成為能夠清楚表達想法與情緒的人。

第 **4** 章

溝通力
（尋求他人幫助）

遇到無法獨立解決的難題時，內心會產生一股很大的壓力。此時，只要向身邊的人訴苦並求助，就可以減輕心理負擔。

與朋友溝通不良時

朋友一個勁的指責你，完全不給你解釋的機會時，會感到壓力吧？即便如此，也請試著靜下心來與對方溝通。

 因朋友暴怒而無法好好說明原委的優奈應該怎麼做呢？

清楚表達想法的方法

別太情緒化

如果在溝通時情緒起伏太大，對方就會不想多說下去。相反的，面對蠻橫無理的人，應該穩定自己的心情，避免忍不住回嘴，引發脣槍舌戰。

別過度在意對方的情緒

假如過度在意對方的情緒，就無法坦白說出個人的意見。因此，就算對方的態度非常不客氣，也請試著用平和的口吻好好表達自己的想法。

別過度防備

和不熟悉的人溝通時，容易在過程中產生防備心，因而無法坦然說出內心的想法。只要試著詢問對方的興趣或喜好，就可以讓氣氛變得比較融洽。

芽衣，昨天很對不起。

我也是。

我很期待和你一起出去玩。

可是……

我奶奶臨時住院了，所以我必須去探望她。

原來如此……

對不起，我只顧著自己的感受。祝你奶奶早日康復！

謝謝你，相信她一定很快就會好起來的。

笑

遇到無法與朋友溝通的情況時，可以試著先把想說的話寫下來再練習說出口。注意，太情緒化、過度在意對方的情緒和過度防備，會讓彼此沒辦法把事情說清楚喔！

重點整理

與朋友吵架時

和朋友吵架時，會因為內心百感交集而產生壓力。這個時候只要找朋友把話說開，就能消除心裡的負擔。

和朋友發生爭執的芽衣應該怎麼做呢？

與朋友和好的方法

確認對方的想法

縱使你與朋友朝夕相處，也無法完全了解對方的內心，所以當你們之間產生誤會時，最好的解決方式就是主動確認彼此的想法。

你真正的想法是什麼呢？

尊重對方的想法

每個人的個性和成長環境都不一樣，當然會有意見不合的時候。當你遇到與朋友持相反意見的情況時，請大方接受不同的聲音。

對不起，我應該尊重你的想法。

回想與對方的美好時光

和朋友吵架時，只要回想與對方共度的美好時光，就可以迅速消氣，並找回當初想與他做朋友的那種感覺。

即使是最好的朋友，也會有意見相左的時候，因為大家都是獨立的個體，不可能對每件事都抱持一樣的看法。碰到這種情況時，請試著接納不同的聲音，避免過度堅持己見。

重點整理

挑戰不擅長的事情時

代表小組上臺報告時,會覺得壓力很大吧?這時,只要加強練習並接受他人的指導,就能鼓起勇氣迎接挑戰。

沒有信心能在大家面前順利報告的優奈應該怎麼做呢？

迎向挑戰的方法

找出問題

面對挑戰時，只要先找出讓你害怕的原因，就能夠確立努力的方向，並產生正面迎戰的勇氣。

我害怕在很多人的場合發表意見。

努力練習

若一味逃避問題，就永遠無法進步。只要努力練習，總有一天一定會成功。

呃……那個是……

請教他人

如果持續練習後還是沒有太大的進步，可以試著請教在這方面很擅長的同學或長輩，說不定能夠獲得對方的寶貴經驗喔！

我去請教擅長演講的阿姨好了。

 　　 容易感到壓力與不易感到壓力的人

每個人對事情的承受度都不同，有些人遇到雞毛蒜皮的小事就感到壓力，有些人則是經歷大風大浪都能面不改色。無論你是哪一種人，都可以藉由累積經驗、接受失敗等方式，提升面對壓力的能力。

其實，我覺得壓力很大。

別擔心，報告當天我會在臺下給你提示的。

不如我們來實際演練一次吧！

謝謝你們，我會努力練習的！

別客氣！

那個，把○○當作△△。

再講慢一點。

應該先×××。

接著，××與○○是在△與○○之間。

不錯吔！

很好，繼續保持！

多虧他們陪我練習，我現在好像不害怕上臺報告了。

如果你是一個在面對挑戰時容易感到壓力的人，建議先找出讓自己不安的原因，並針對那部分加強練習。遇到瓶頸時，也請主動向他人討教，與專業人士相互切磋會比一個人埋頭苦幹更有效率喔！

重點整理

被同學排擠時

遭到排擠時，會因為不知道該如何處理而倍感壓力。此時，請找值得信任的人傾訴煩惱。

被同學排擠的龍應該怎麼做呢？

面對被同學排擠的方法

與可以信任的人訴苦

被排擠時，若選擇獨自面對，會感到很痛苦。請試著和家人或其他親近的朋友傾訴煩惱，別把壓力憋在心裡。

向對方表達自己的想法

忍氣吞聲會讓霸凌者以為你不敢反抗而變本加厲，因此，最好找一位值得信任的人陪你向對方表達「我討厭這樣」的想法。

別把責任歸咎於自己

就算沒有做錯任何事，也可能被霸凌者盯上，所以遭到孤立時，千萬不要怪罪自己，因為有問題的是排擠別人的人。

認識「霸凌」

「霸凌」是指一個人透過傷害他人，來獲得關注、尋得自我價值或爭取在團體中的認同感，而受害者不見得有做錯事。校園霸凌層出不窮，如果看見別人被欺負，應立即向大人求救，才能有效杜絕霸凌。

人在成長的過程中，或多或少都曾經歷過類似被排擠的情況。雖然這種事看在某些人眼裡覺得沒什麼，可是有人卻因此留下深深的陰影，所以還是必須慎重看待。若你遭到孤立，請一定要向大人或其他朋友尋求協助。

重點整理

透過通訊軟體對話時

使用通訊軟體溝通時，可能因為誤解對方的意思而感到壓力。遇到這種情況時，請試著直接找他確認想法。

與朋友傳訊息引發壓力的大樹應該怎麼做呢？

通訊軟體的壞處與應對方法

容易造成誤會

使用通訊軟體對話因無法藉由表情和聲音完整傳遞想法，容易造成接收訊息的那一方解讀錯誤而產生誤會。

他可能覺得我是傻瓜吧！

容易把對方的反應往壞處想

使用通訊軟體時，容易把對方的反應往壞處想。例如，別人對你的訊息已讀不回，你會下意識認為他不想理你。

他沒有回覆訊息，是不是不想理我？

面對面確認彼此的想法

當你因為對方透過通訊軟體所傳遞的訊息感到焦慮、困惑時，可以試著直接與他碰面，確認彼此的想法是否一致。

就是……

這則訊息是什麼意思？

清楚傳達訊息

一個字或一句話可能因當下氛圍不同而讓人產生不一樣的解讀，因此傳遞訊息時，最好詳細說明或附上適合的表情符號。

愉快的笑容？
調皮的笑容？

雖然藉由通訊軟體溝通很方便，但是比起面對面說話，得到的資訊較為不足，因此容易引起誤會。只要試著在想說的話後面多做說明或增加表情符號，就能清楚的把想法傳遞給對方。

重點整理

利用「DESC原則」傳達自己的想法

「DESC」是由四個溝通步驟的第一個英文字母所構成的縮寫，也是可以讓人完整抒發心情或想法的溝通技巧，請試著運用這種方式把心裡想說的話好好表達出來。

以下用「踢足球」來舉例。

D（描述）

「D」是指「描述（Describe）」。與人交流時，請先試著告訴對方客觀的事實或內心的想法。（例如：我踢足球的實力沒有很好。）

E（表達）

「E」是指「表達（Express）」。接著，針對這件事向對方傳達自己的心情或感受。（例如：參加全國性足球賽讓我覺得壓力很大。）

S（提議）

「S」是指「提議（Suggest）」。仔細思考後，站在對方的立場提出你的期望或建議。（例如：為了不影響全隊的成績，我可以下次再參賽嗎？）

C（結果）

「C」是指「結果（Conclusion）」。不一定每次的結果都會順著自己的心意，當你的提議被否決時，請準備好替代方案。（例如：那我可以先參加校內足球賽作為磨練嗎？）

如果能妥善利用「DESC原則」進行溝通，就能明確的把自己的想法與心情傳達給對方，減少產生誤會的機率。「互相理解」是打好人際關係的重要基礎，因此請務必努力學會這項技巧。

請確認現在讓你感到壓力的事情！

第 5 章

壓力管理的方法

了解自己對於同一件事在心態上的轉變，比較能夠控制壓力。請試著練習透過各種方法釐清情緒。

棒球壘包法

即使面對同一件事，感到壓力前與感到壓力後的想法、心情、行為和身體狀態會變得截然不同。

棒球壘包法（以芽衣為例）

起初，芽衣選上領舞時感到非常開心，
後來卻因為在意大家的眼光而緊張得無法發揮原有的實力。
讓我們利用「棒球壘包法」確認芽衣的身心出現了什麼變化。

獲選為領舞時

● 二壘（心情）

如願當上領舞覺得非常雀躍，內心也充滿了鬥志。

● 三壘（行為）

每天持續在鏡子前自主練習，企圖做出搶眼又俐落的動作。

● 一壘（想法）

認為自己可以跳得比光還好，希望一直站在舞臺中央跳舞。

● 本壘
（身體狀態）

努力獲得了回報，因此身體感覺非常輕盈。

樂觀接受選拔結果，整個人呈現非常充實的狀態。

分組練習時

感受到大家的目光後，突然變得非常緊張，並且擔心自己無法順利完成舞蹈。

● 二壘（心情）

● 三壘（行為）

站在舞臺上時，身體變得僵硬，動作也很不自然。

● 一壘（想法）

認為別人覺得自己跳得很差，內心出現「真不應該當上領舞」的想法。

● 本壘
（身體狀態）

心跳加速、手心出汗，肚子也忍不住隱隱作痛。

發現擔任領舞一點也不輕鬆，想法變得很悲觀。

棒球壘包法（實際操作）

請根據自己的經驗，寫下你在感到壓力的前後，
想法、心情、行為和身體狀態出現了何種變化。

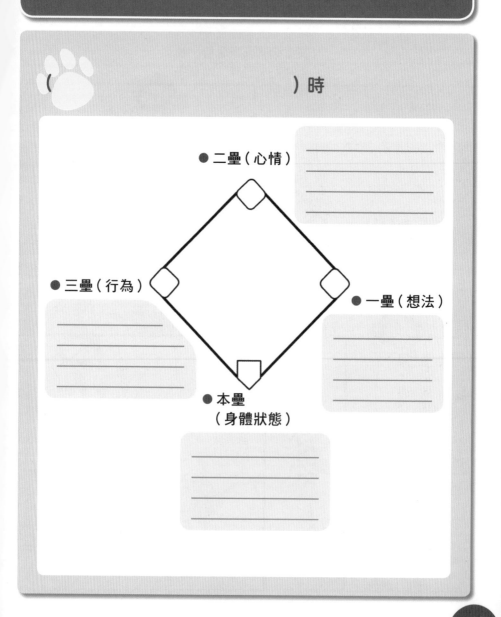

（　　　　　　　　　　　）時

● 二壘（心情）

● 三壘（行為）

● 一壘（想法）

● 本壘
（身體狀態）

（　　　　　　　　　　　　　）時

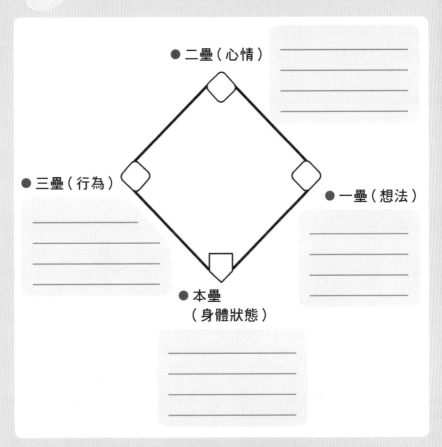

●二壘（心情）

●三壘（行為）

●一壘（想法）

●本壘
（身體狀態）

● 當你感受到壓力時，身心出現了什麼改變呢？請試著分別寫
  下來。

一壘（想法）	二壘（心情）
（例）失敗的話就糟了。	（例）緊張。
三壘（行為）	本壘（身體狀態）
（例）來回踱步。	（例）口乾舌燥、肌肉緊繃。

快樂日記

隨時留意周遭的美好事物，就會發現其實生活也沒有想像得那麼糟糕。

「快樂日記」範例

● 不一定要逼迫自己每天寫日記，只要隨時把讓你感到愉快的事情記錄下來，就能發現平時被忽略的美好事物。

	8月1日	8月2日	8月3日	……
早上			出門遛狗	
下午	和朋友一起玩耍	去游泳		
晚上	和奶奶一起做菜	購物	看電視	

＊養成記錄的習慣之後，可以在筆記本的空白處寫下未來的計畫，或者對事情的感想。

你身邊有哪些讓你感到快樂的事情呢？

「快樂日記」的寫法與效果

隨時記錄快樂的事情

只要隨時把令人愉快的事情寫下來，就可以重拾對生命的熱情，並且積極面對生活。

積極創造快樂的回憶

事先擬定能夠讓你感到開心的計畫，並努力去執行，就可以在事後回顧那些美好回憶。

把內容寫得更詳細

除了記錄令你愉快的事情，也可以試著把當時的感想或心情寫下來。

了解自己情緒的變化

長期記錄內心的想法與感受，不僅可以了解情緒如何變化，也可以藉此觀察自己的生活。

著色畫

繪製符合心情的圖畫，不僅可以客觀檢視自己的心理狀態，也可以深入了解情緒產生的原因。

著色畫（範例）

按照自己的心情完成著色畫，就可以客觀了解內心最真實的情緒。

日期 ○ 月 × 日（星期三）

① 你現在的心情？

（例）與朋友吵架了，非常難過。

當你感到沮喪時，什麼顏色最符合你的心情呢？

② 請幫貓咪加上符合個人心情的眉毛和嘴巴，並塗上顏色。

（表情範例）垂頭喪氣

著色畫（實際操作）

可以直接畫在這本書上，或是先影印一份再塗色。

日期 　　月 　　日（星期 　　）

① 你現在的心情？

（ 　　　　　　　　　　　　　　　　　　　　　　　 ）

② 請幫貓咪加上符合個人心情的眉毛
　 和嘴巴，並塗上顏色。

日後檢視你的畫作
時，請試著回想當
時的心情。

思考其他可能性

當你擔心某件事時，可能會過度負面思考而倍感壓力。
請試著冷靜想想看是否還有其他可能性。

思考其他可能性

你所擔心的事情，除了你想到的原因之外，也可能另有隱情。
只要試著把各種可能性寫下來，就不會陷入單一想法中。
請針對下列各個情況，寫下其他看法。

你的擔心：班上同學皺著眉頭。
你的想法：她對我有所不滿。

其他可能性？

① 吃早餐時把牛奶潑到衣服上。

② 喜歡的鉛筆不見了。

煩躁 煩躁

思考各種情況的其他可能性

你的擔心：要去體育館，可是那裡沒有認識的人。
你的想法：不會有人願意和我一起玩。

其他可能性？

①

②

你的擔心：進教室時，同學們一直盯著我看。
我的想法：大家覺得我的打扮很奇怪。

其他可能性？

①

②

你的擔心：課堂上的實驗失敗。
你的想法：我本來就做得不好。

其他可能性？

①

②

你的擔心：獲選成為大隊接力的選手。
你的想法：我無法滿足大家的期待。

其他可能性？

①

②

你的擔心：搞砸考試。
你的想法：我不夠用功。

其他可能性？

①

②

你的擔心：朋友們在背後講悄悄話。
你的想法：他們故意排擠我。

其他可能性？

①

②

當你想到其他可能性時，
請陸續寫下來。

結語

我在審閱這本書時，回想起父母曾經告訴我：「老師說你覺得碰到困難時，一定會有人幫助你。」我不記得這是何時發生的事情，可能是高中一年級段考不及格的時候吧！

不過，現在的我澈底領悟到「想法」擁有非常強大的力量，因為當你認為「一定會有人幫我」時，就會敞開心房接納各種可能助你突破困境的事物。不論是我的成績一直沒有起色時，或是大學連續重考三年時，還是到美國留學後，因為無法融入當地生活而感到非常辛苦時，都是抱持著這種正面想法，所以最後事情總能迎刃而解。

如果你是一個經常陷入擔憂而感到壓力的人，請務必詳細閱讀這本書。書中介紹了化壓力為助力的三種能力：認知力、控制力和溝通

力，當你遭遇困難時，只要回想書上的內容並妥善運用，一定可以讓你重振精神，減輕內心的負擔。

我的恩師是精神科醫師亞倫・貝克（Aaron Temkin Beck），他率先提出運用思考力強化心智的「認知行為療法」，可是當初這種精神療法並未受到認同，後來花了將近三十年的時間才讓大眾接受新穎的治療方式。雖然他耗費的歲月是各位年輕讀者年紀的兩倍，倍感壓力的他卻始終不放棄，最後終於得到世人的認可，並且獲得許多獎項與榮譽。

只要永不放棄並學會面對壓力，任何人都擁有無限的可能。請利用這本書，實現你的夢想。

——大野 裕

國家圖書館出版品預行編目 (CIP) 資料

小學生的煩惱 . 3, 面對壓力該如何調適？/
大野裕監修；市川美月漫畫；吳嘉芳翻譯 .
-- 初版 . -- 新北市：小熊出版：遠足文化事
業股份有限公司發行 , 2022.08
128 面；14.8×21 公分 . --（廣泛閱讀）
ISBN 978-626-7140-28-4（平裝）

1.CST: 生活教育　2.CST: 情緒管理

528.33　　　　　　　　　　　　111007983

廣泛閱讀

小學生的煩惱❸：面對壓力該如何調適？

監修：大野 裕（壓力管理網絡有限公司負責人）| 漫畫：市川美月 | 翻譯：吳嘉芳
裝訂、設計、排版：Nishi 工藝股份有限公司（岩間佐和子）
編輯：Nishi 工藝股份有限公司（佐佐木裕、名村菜依子）
人物插圖（獅子 Heart）：Canna Evans

總編輯：鄭如瑤 | 主編：陳玉娥 | 編輯：張雅惠 | 美術編輯：莊芯媚 | 行銷副理：塗幸儀

社長：郭重興 | 發行人兼出版總監：曾大福
業務平臺總經理：李雪麗 | 業務平臺副總經理：李復民
實體業務協理：林詩富 | 特販業務協理：陳綺瑩 | 海外業務協理：張鑫峰
印務協理：江域平 | 印務主任：李孟儒
出版與發行：小熊出版・遠足文化事業股份有限公司
地址：231 新北市新店區民權路 108-3 號 6 樓 | 電話：02-22181417 | 傳真：02-86672166
劃撥帳號：19504465 | 戶名：遠足文化事業股份有限公司
客服專線：0800-221029 | 客服信箱：service@bookrep.com.tw
Facebook：小熊出版 | E-mail：littlebear@bookrep.com.tw
讀書共和國出版集團網路書店：http://www.bookrep.com.tw
團體訂購請洽業務部：02-22181417 分機 1132、1520

法律顧問：華洋法律事務所／蘇文生律師 | 印製：凱林彩印股份有限公司
初版一刷：2022 年 8 月 | 定價：350 元 | ISBN：978-626-7140-28-4

PINCH WO KAIKETSU! 10SAIKARA NO LIFE SKILL ⑤
STRESS TO JOZUNI TSUKIAU（STRESSMANAGEMENT）
Supervised by Yutaka Ohno. Copyright © Yutaka Ohno, 2019. All rights reserved.
Original Japanese edition published by GODO-SHUPPAN Co., Ltd.

Traditional Chinese translation copyright © 2022 by Walkers Cultural
Co., Ltd. / Little Bear Books. This Traditional Chinese edition
published by arrangement with GODO-SHUPPAN Co., Ltd., Tokyo,
through HonnoKizuna, Inc., Tokyo, and Future View Technology Ltd.

小熊出版官方網頁　　小熊出版讀者回函